AF438287

LE GUIDE

DES

ÉLECTEURS

CATHOLIQUES

MACON

PROTAT FRÈRES, IMPRIMEURS

—

1891

LE GUIDE

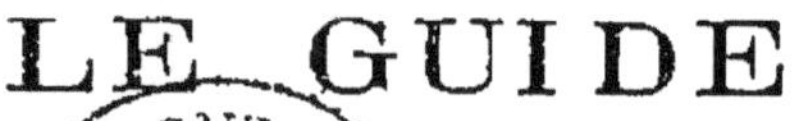

DES

ÉLECTEURS CATHOLIQUES

CHAPITRE Ier

DU DEVOIR ÉLECTORAL

D. — Qu'entendez-vous par le devoir électoral?

R. — J'entends, pour tout électeur, le devoir de voter.

—◇—

D. — A quels titres faites-vous à l'électeur le devoir de voter?

R. — A son double titre de citoyen et de chrétien, et, de plus, dans son propre intérêt.

—◇—

D. — Pourquoi dites-vous que l'électeur est obligé de voter à titre de citoyen?

R. — Parce que, pour tout homme de cœur, le devoir marche de front avec le droit. Quand il s'agit de repousser de mauvais conseillers, des sénateurs et des députés francs-maçons, tout citoyen doit marcher au scrutin, comme le soldat marche à l'ennemi.

—◊—

D. — Pourquoi dites-vous que tout électeur est obligé de voter à titre de chrétien ?

R. — Parce que ce sont les sénateurs et les députés qui font les bonnes ou mauvaises lois, selon qu'ils sont chrétiens ou antichrétiens, ce dont un chrétien, en conscience, ne peut se désintéresser.

—◊—

D. — Un chrétien peut-il voter pour un candidat qui ne s'engage pas à soutenir, en tout, les intérêts de Dieu et de l'Eglise ?

R. — Le catéchisme, qui nous trace la ligne du devoir, dit non, et si un chrétien vote pour un candidat irréligieux, il est responsable, devant Dieu, de tous les votes mauvais de son élu. Il doit s'accuser, en confession, d'avoir porté au pouvoir un persécuteur de l'Eglise.

—◊—

D. — Les libres penseurs ne se donnent pas ce souci, et l'on voit bien des catholiques en place voter avec eux.

R. — Les libres penseurs n'auront pas toujours à
faire les fanfarons devant Dieu; l'heure vien-
dra pour tous où il sera rendu à chacun selon
ses œuvres.

Quant aux catholiques qui votent avec les
francs-maçons, qui pour se maintenir en place
et obtenir de l'avancement n'osent plus mettre
les pieds à l'église, il faut les plaindre. L'Evan-
gile se prononce contre ceux qui veulent servir
deux maîtres. On est chrétien tout d'une pièce
ou on ne l'est pas. A la gloire de notre époque,
cependant si servile, on a vu grand nombre
d'honorables magistrats sacrifier des positions
élevées et lucratives plutôt que de renoncer à
l'honneur et de trahir à leur conscience. Autant
ces derniers méritent d'estime, autant les premiers sont dignes de mépris.

—◇—

D. — Vous avez ajouté que tout électeur est tenu de
voter dans son propre intérêt?
R. — La réponse est trop claire. Si le pays est mal
gouverné et mal administré, s'il est surchargé
d'impôts, à qui faut-il s'en prendre? Electeurs,
n'accusez que vous-mêmes. C'est parce que vous
avez mal choisi vos conseillers, vos sénateurs et
vos députés.

—◇—

D. — N'importe; il est ennuyeux d'aller voter. Il

faut se déranger, renoncer à ses affaires et quelquefois même se faire des ennemis ?

R. — Tout citoyen, tout chrétien surtout, qui ne sait pas se mettre en face du devoir est un homme de rien. Quand le devoir parle, pour tout homme d'honneur, il n'y a plus à reculer. Le ciel souffre violence, le ciel est au prix du devoir accompli.

—◇—

D. — Puisqu'il faut absolument voter et bien voter, quelles sont donc les lois dont tout électeur catholique doit demander à la réforme ?

R. — Nous en signalons trois principales : 1° la loi scolaire de 1886, qui enlève aux pères de famille et aux communes le choix de leurs maîtres d'école ; 2° la loi militaire, qui viole le Concordat, en envoyant les séminaristes à la caserne ; 3° l'impôt d'accroissement, qui est pour toutes les congrégations une confiscation déguisée.

CHAPITRE II

DE LA LOI SCOLAIRE

D. — Pourquoi demandez-vous la réforme de la loi scolaire ?

R. — 1° Parce que cette loi oblige, sous peine d'amende et de prison (bien que cette peine ne soit pas appliquée), les pères de famille à envoyer leurs enfants à l'école, contrairement au droit naturel qui leur donne autorité sur eux.

2° Parce qu'elle écarte, d'une manière générale et absolue, les congréganistes des écoles primaires et communales.

3° Parce qu'elle condamne, de fait, la plupart des pères de famille, 49 sur 50, à envoyer leurs enfants à une école où leur foi chrétienne est blessée, école que la voix publique a justement flétrie du nom d'école athée.

—◇—

D. — Qu'appelez-vous école athée et blessant la foi chrétienne ?

R. — J'appelle ainsi une école où il est permis au maître de parler de tout, excepté de Dieu et de la religion chrétienne. Point de prière, point de catéchisme, pas même le signe de la croix. Le prêtre peut descendre au fond des cachots pour visiter les prisonniers, il peut les accompagner jusque sur l'échafaud ; mais il ne lui est pas permis, dans sa paroisse, de franchir le seuil de l'école communale.

—◇—

D. — Mais l'école est neutre et ne défend pas aux enfants de croire en Dieu ?

R. — La prétendue neutralité de l'école n'est qu'un trompe-l'œil. C'est une formule hypocrite pour nier l'existence de Dieu, sans le déclarer ouvertement. Le maître, qui ne peut parler à ses élèves de leurs devoirs chrétiens, ne semble-t-il pas leur dire qu'ils n'ont point d'âme, qu'il leur est plus nécessaire de connaître les 24 lettres de l'alphabet que les commandements de Dieu et de l'Eglise ?

—◆—

D. — Mais, à côté de l'école sans Dieu, n'y a-t-il pas l'école libre où les congréganistes peuvent enseigner ?

R. — Oui, la tyrannie légale n'a pas osé aller jusqu'à fermer les écoles libres aux congréganistes. Le peuple français qui, en ce moment, traverse une crise, qu'un député républicain de Paris, le docteur Després, appelle la folie en commun, conserve encore trop de sens catholique pour ne pas se révolter, si la persécution eût été poussée jusqu'à cet excès.

Mais sont-elles nombreuses ces écoles où la foi des enfants est respectée ? Elles n'existent que là où des catholiques généreux, après avoir payé pour l'école sans Dieu dont ils ne veulent pas, s'imposent de nouveau pour faire les frais d'une école congréganiste. Mais partout ailleurs, c'est-à-dire dans 49 communes sur 50, pauvre peuple ! tu es condamné à subir le joug de la loi païenne. Parents pauvres, mais chrétiens, il vous faut, malgré les cris de votre conscience et les déchirements de votre cœur, livrer vos enfants à des maîtres qui les chasseraient de leur école, s'ils les surprenaient un catéchisme entre les mains et même dans leur poche. Cela s'est vu.

Il y a quelques exceptions; des maîtres d'école sont restés chrétiens, mais ils sont rares.

—◇—

D. — N'importe. N'est-ce pas une expression trop forte que celle d'appeler la loi de la laïcisation, une loi scélérate ?

R. — L'arbre se reconnaît à ses fruits. La morale indépendante qu'enseignent les Manuels civiques ne relève que de la crainte des gendarmes. Sans Dieu, point de conscience. Nous n'avons encore que quelques années de la laïcisation des écoles, et la statistique des tribunaux établit que le nombre des délits et des crimes va toujours en croissant. Signe plus sinistre encore ! crime horrible et inconnu aux siècles passés ! On a vu et l'on voit chaque jour des enfants dénaturés, pris de vertige et d'impiété, en finir avec la vie par le suicide. A Paris seulement, la ville Lumière ! en moins de six ans, toujours d'après la statistique, on a arrêté quarante mille mineurs au dessous de seize ans, et 13.752 *mineures* pour fait de prostitution. Hérode tuait les corps et laissait les âmes s'envoler au ciel; la loi de la laïcisation tue d'abord les âmes et livre les cadavres à l'enfouissement. Et maintenant, entonnons l'hymne du progrès et soyons fiers de notre civilisation.

D. — Où allons-nous avec ce système d'éducation?

R. — Nous descendons à une dégradation au dessous de celle du paganisme. Les païens se trompaient sur la nature divine, mais ils croyaient à une autre vie et enseignaient qu'après la mort, les bons seraient récompensés et les méchants punis. Avec nos écoles sans Dieu, l'homme est sur la terre sans savoir pourquoi, sans autre loi morale que celle de ses penchants, poussé par la fatalité vers un abîme inconnu. Pères de famille, si vous n'êtes pas émus, si vous restez insensibles à cet avenir de vos enfants, la tendresse paternelle et la piété filiale ne sont plus que des mots vides de sens.

—◇—

D. — Mais, du moins, l'instruction est devenue gratuite, et c'est là, pour le peuple, un grand avantage dont vous ne parlez pas.

R. — Bonnes gens des campagnes et même des villes, encore une balançoire dont vous êtes les dupes; encore un mirage où l'on vous fait voir blanc ce qui est noir. Vous croyez à l'instruction gratuite! Mais les instituteurs, plus nombreux qu'autrefois, vivent-ils donc de l'air du temps et de la poussière de leur école? Ils sont payés et ce n'est que justice quand ils exercent consciencieusement leur profession. Il nous suffira d'en donner une seule preuve. Le budget de l'instruction publique, qui autrefois ne dépassait pas trente millions, atteint aujourd'hui le chiffre de 150 millions, c'est-à-dire plus de trois fois celui du budget des cultes. Et d'où sortent ces 150 millions ailleurs que de la poche des contribuables? Ne vous plaignez donc pas de voir chaque année s'enfler le bordereau de vos impositions.

—◇—

D. — Cependant, la profession d'instituteur n'est-elle pas une profession honorable?

R. — Ce que nous condamnons, ce n'est pas la profession d'instituteur, mais la dure et odieuse condition que la loi impose à ceux qui l'exercent. Votée par le Parlement, mais élaborée de longue main par les loges maçonniques, cette loi constitue la persécution la plus savante et la plus perfide qui ait jamais été conçue et organisée contre la foi chrétienne. Elle saisit l'âme de l'enfant, non pour y détruire la foi, mais pour l'empêcher d'y entrer. Sous le titre menteur d'enseignement neutre, elle fait à l'instituteur une situation aussi fausse que l'enseignement qu'elle lui impose. S'il a conservé la foi de son baptême et de sa première communion, s'il veut être sincère dans sa neutralité, et surtout s'il a le courage de remplir ses devoirs de chrétien ; le voilà aussitôt signalé comme clérical, marqué à la croix noire par les francs-maçons de la localité ; sa carrière est compromise et enrayée. Mais, pour l'ordinaire, il pose en libre penseur, et il lui faut une circonstance exceptionnelle pour franchir le seuil de l'église, peut-être celle de surprendre le curé dans son prône. Alors il est applaudi et entouré par les libres penseurs, mais les familles chrétiennes l'ont pour suspect et le tiennent à distance. Esclave du maire si celui-ci est opportuniste ; son espion, s'il est conservateur : il devra, dans l'un ou l'autre cas, abdiquer sa dignité d'homme pour remplir le rôle de flatteur ou celui de délateur. Plus encore l'humble valet du préfet, qui le nomme ou le révoque à volonté, il devra, en temps d'élection, se faire son courtier électoral ; et malheur à lui si le candidat officiel vient à échouer. Habile est l'instituteur qui, sur ce tremplin, saura toujours garder son équilibre. Les chutes sont fréquentes, et ce n'est pas sans motif que la carrière d'instituteur a reçu le surnom de *carrière nomade*.

Cependant ce rôle d'abaissement ne saurait aller aux hommes de cœur et de convictions ; aussi voyons-nous depuis quelque temps des maîtres sérieux déserter l'enseignement pour racheter dans une autre carrière leur indépendance et leur liberté. Ajoutons que si la profession d'instituteur gagne le pain de chaque jour, elle ne saura jamais conduire à la fortune. On aura beau dire et beau faire, l'idéal du maître d'école restera toujours au congréganiste qui vit de dévouement et de son vœu de pauvreté, qui ne connaît d'autre famille que celle de ses élèves.

Ne soyons donc pas surpris d'entendre ce cri d'alarme poussé par un inspecteur général de l'Université : « Plusieurs écoles normales, dix « au moins, se dépeuplent et bientôt ne pour- « ront pourvoir aux vacances produites par le « décès ou la retraite volontaire des titulaires. »

Si ce tableau pouvait paraître chargé, nous renvoyons les lecteurs à un livre qui vient de paraître sous ce titre : L'INSTITUTEUR, livre écrit par M. Th. Chèze, lui-même ancien instituteur, et qui, pour employer une expression à la mode, nous a donné « une histoire vécue ». Pour conclusion, et moins sévère que M. Chèze, nous dirons sans passion qu'il y a, au moins, autant d'instituteurs à plaindre qu'il y en a à blâmer.

CHAPITRE III

DE LA LOI MILITAIRE

D. — Pourquoi demandez-vous la réforme de la loi militaire ?

R. — Parce que la loi militaire viole l'immunité ecclésiastique et impose au prêtre un service incompatible avec son caractère sacré et son ministère.

—◊—

D. — Qu'entendez-vous par l'immunité ecclésiastique?

R. — J'entends la dispense du service militaire attachée au caractère surnaturel du prêtre, et qui doit être respectée dans tous les États catholiques.

—◊—

D. — Cette immunité relève-t-elle du Concordat?

R. — Oui, le Concordat, ayant reconnu l'Église catholique, l'a reconnue dans tout ce qui tient à sa constitution. Napoléon Ier l'a ainsi compris et n'y a jamais dérogé. Tant que le Concordat n'a pas été dénoncé, l'immunité est donc en France de droit public.

—◊—

D. — Qu'entendez-vous par le caractère surnaturel du prêtre?

R. — J'entends que le prêtre, par son ordination, reçoit un don surnaturel et une marque indélébile qui en fait un homme séparé, le rend propre à certaines fonctions que lui seul peut remplir, et en même temps impropre à certains services qui répugnent à son ministère sacré.

—◊—

D. — Quelles sont les fonctions que le prêtre seul peut remplir?

R. — Le prêtre seul peut monter à l'autel pour célébrer les divins mystères, seul il peut absoudre les consciences, et en général administrer les sacrements.

D. — Quelles sont les fonctions qui répugnent le plus au caractère et au ministère du prêtre?

R. — On peut dire qu'entre toutes les fonctions et tous les états, le service militaire est sans contredit le plus incompatible au caractère et au ministère du prêtre. Serait-il beau et édifiant de voir un prêtre au retour d'une campagne militaire, déposer ses armes et son képi à la sacristie, pour revêtir les habits sacerdotaux et monter ensuite à l'autel? Serait-il admis à parler en chaire le langage de la caserne?

Le ministère du prêtre le lie à une paroisse. A toutes les heures du jour et de la nuit il se doit au service de ses paroissiens pour la visite des malades, pour son catéchisme et l'administration des sacrements. Son absence, ne fût-elle que de 28 jours, entraînerait un désordre tel, que Napoléon Ier, qui ne se gênait pas avec le Concordat, n'a jamais appelé un prêtre à la caserne, n'a jamais mis un fusil aux mains d'un séminariste.

D. — Quel inconvénient, après tout, dira-t-on, qu'un séminariste fasse un an de caserne?

R. — Le premier inconvénient c'est d'imposer à l'État une dépense inutile. Le séminariste, devenu prêtre, reste apte au service des ambulances, mais il ne devra et ne pourra plus porter les armes. L'État ne sait-il donc que faire de son temps et de ses millions, qu'il les dépense à former et à équiper des soldats qui ne doivent pas servir.

Le second inconvénient, plus grave encore, est d'interrompre et de retarder sans motif, la préparation du séminariste au Sacerdoce. La vocation ecclésiastique ne s'improvise pas. Il faut au séminariste un noviciat rigoureux de 10 à 12 ans, et ce n'est pas trop, avant que l'Église puisse l'appeler au saint ministère et lui confier la direction des consciences.

—◊—

D. — L'État militaire n'est-il pas un service public que tout citoyen doit à la patrie, et pourquoi le prêtre seul en serait-il affranchi?

R. — Oui, l'état militaire est un service public, et nous ne craignons pas d'ajouter, le plus méritoire, parce qu'il est le plus périlleux. Au premier son du clairon, le soldat, pour la gloire et le salut de la patrie, doit être toujours prêt à donner ou à recevoir la mort.

Mais l'état militaire est-il donc le seul service public et patriotique? Il y a d'autres services, comme ceux de l'administration civile, de la magistrature, qui, sous des formes et dans des emplois différents, réclament la considération publique et ne concourent pas moins à l'ordre, au salut et à la prospérité de la République.

Le prêtre ne sauvegarde-t-il pas mieux que le gendarme la probité et la moralité publiques? Qui portera plus loin le dévouement à la patrie, de celui qui après sa mort n'attend qu'un enfouissement ou de celui à qui le prêtre montre et ouvre le ciel?

Non, le dévouement du prêtre ne craint pas de se mesurer à celui du soldat. Le service militaire est temporaire, celui du prêtre le tient sous la discipline et l'obéissance jusqu'à la mort. Il renonce à la famille pour pouvoir se dépenser plus largement aux besoins des pauvres et de son ministère. Qu'une épidémie, que le choléra menace sa paroisse, le curé ne fuira pas plus devant le fléau que le soldat devant l'ennemi.

Non, ce n'est pas pour sauvegarder sa vie et éviter la mort que le prêtre demande à être affranchi du service militaire. Dieu s'appelle le Dieu des armées. Qu'une guerre éclate, la place du clergé est aux ambulances et à l'aumônerie militaire. Dans notre dernière et malheureuse guerre, les aumôniers et les infirmiers volontaires ont-ils fait défaut? N'ont-ils pas mêlé leur sang à celui de nos soldats?

Parmi les prélats qui honorent le plus l'épiscopat français, n'en est-il pas un, Mgr Trégaro, ancien aumônier de marine, à qui un général a rendu ce glorieux témoignage : « qu'il était aussi calme et aussi digne sur le champ de bataille qu'à l'autel. »

Quant à vous, francs-maçons, libres penseurs, qui êtes toujours en veine d'égalité, pour les autres, imposez donc à chacun d'aller casser sa part *égale* de cailloux sur la route : la logique le veut.

CHAPITRE IV

DE L'IMPOT D'ACCROISSEMENT

D. — Les congréganistes sont-ils privilégiés et payent-ils moins d'impôts que les simples contribuables?

R. — Non seulement les congréganistes ne sont pas privilégiés, mais ils payent beaucoup plus d'impôts que les simples contribuables.

—◇—

D. — Quels sont les impôts que les congréganistes payent comme tous les contribuables?

R. — Comme tous les contribuables, ils payent : — *la personnelle*, — *la mobilière*, — *les portes et fenêtres*, — *la patente*, — *la propriété bâtie* — *et la propriété non bâtie*.

—◇—

D. — Quels sont les impôts que les congréganistes payent de plus que les contribuables laïques ?

R. — Il y en a trois : l'impôt dit de *revenu*, l'impôt de *main-morte*, et un troisième, l'impôt d'*accroissement*, que le fisc veut leur imposer.

—◇—

D. — Qu'est-ce que l'impôt sur le *revenu ?*

R. — Par une interprétation pharisaïque, comme si les congrégations étaient des *Sociétés commerciales et industrielles*, instituées pour réaliser des *gains*, on dresse la valeur estimative de leurs biens, meubles et immeubles. Puis, le total étant connu, on suppose qu'il produit 5 0/0, et sur ce produit à forfait, impossible, fictif, elles payent 3 0/0 à l'État.

—◇—

D. — Qu'est-ce que l'impôt de *main-morte ?*

R. — Comme les congrégations autorisées forment un corps moral qui ne meurt pas, la loi leur impose à titre de droit de mutation, un impôt particulier établi sur la valeur de leurs biens, qu'on appelle *impôt de main-morte*.

D. — L'impôt de *main-morte* est-il légitime?

R. — Oui, et les congrégations le payent sans difficulté, bien qu'il soit très onéreux pour elles.

—◇—

D. — Qu'est-ce que l'impôt d'*accroissement?*

R. — L'impôt d'accroissement suppose que, lorsque un membre d'une congrégation autorisée vient à mourir, cette congrégation hérite du défunt et doit acquitter des droits de succession, sous prétexte que la part de celui qui meurt accroît la part de ceux qui lui survivent.

—◇—

D. — Cet impôt est il juste?

R. — Non, parce que sous une forme et un nom nouveau, il reproduit l'impôt de main-morte et le fait payer deux fois. L'essence des corps moraux, c'est précisément qu'il n'y a point de part, l'association possédant par indivis, après la mort d'un religieux, l'état de la congrégation reste le même qu'il était avant. On pourrait même ajouter qu'elle est appauvrie plutôt qu'enrichie. Nous pourrions dire, si la comparaison n'était inconvenante, qu'elle ressemble à un mécanisme dont un rouage ne peut plus servir, il faut le remplacer par un autre.

Mais une autorité plus haute que la nôtre, va trancher la question. Écoutons Mgr Luçon, évêque de Belley, exposant avec une fermeté vraiment épiscopale et une lucidité de langage qui met le droit en évidence, à M. le Ministre des finances qui ne l'a pas contredit :

« Qu'une disposition de droit positif, con-
« traire au droit naturel, ne saurait avoir force
« de loi.

« C'est un principe de droit naturel et de
« droit public français que l'on ne paye pas
« deux fois l'impôt pour le même objet, consi-
« déré sous le même rapport.

« C'est un principe de droit naturel, enfin,
« que l'imposition ne puisse pas dépasser la
« valeur de la matière imposable.

« Dès lors, Votre Excellence comprendra que,
« malgré toute leur soumission aux lois du
« pays, les congrégations autorisées, pour les
« biens qu'elles ont acquis comme telles, ne se
« soient pas crues atteintes par cette loi d'ac-
« croissement, précisément parce qu'elle n'a
« pas cette condition de la loi véritable qui est
« de n'être en opposition avec aucun principe
« de droit naturel. »

—◇—

D. — L'impôt d'accroissement se présente-t-il sou-
vent à payer?

R. — Il se présente toutes les fois qu'un membre
d'une congrégation autorisée vient à mourir, et
dans son application, il s'étend et se répartit à
toutes les succursales de cette congrégation.

Prenons pour exemples les congrégations très nombreuses des *Frères de la doctrine chrétienne* et des *Sœurs de la Charité*. Ces congrégations perdent en moyenne 60 à 70 membres par année; c'est donc 60 à 70 fois par an qu'elles auront à payer l'impôt d'accroissement. Vienne une épidémie! Vienne un choléra! En ces jours de deuil, les congréganistes marchant toujours à l'avant-garde du dévouement, sont aussi les premiers à payer de leur vie. Bonne fortune pour le fisc! Plus les rangs des congréganistes s'éclairciront, plus sa caisse se remplira. Ainsi l'impôt d'accroissement va saigner aux quatre veines les congrégations, et s'il en est une qui puisse supporter plus de quatre ou cinq ans cette opération tout à la fois fiscale et chirurgicale, c'est qu'elle aura la vie dure.

—◇—

D. — Cependant les congrégations sont si riches!

R. — Encore un de ces mots vides et sonores qui sonnent le tocsin! Oui, voilà bien le cri d'alarme et l'ébahissement des Coquelet et des Prudhommes devant les grands établissements ouverts à toutes les souffrances morales et physiques dont la charité a doté le pays et qui sont la gloire de notre France généreuse et catholique. Mais tous ces vastes établissements : hospices pour les vieillards et les infirmes, orphelinats pour les enfants abandonnés, maisons de santé, refuges pour les voyageurs sans abri, etc., etc., contre lesquels la franc-maçonnerie et la juiverie excitent la jalousie des bourgeois et la convoitise des pauvres, par qui et pour qui ont-ils été élevés? Par des cœurs généreux et au profit du pauvre peuple. Oui, ces établissements ont coûté des sommes considérables, et leur construction a été une pluie d'or pour les architectes, les entrepreneurs, les fournisseurs et surtout pour les ouvriers. Oui, ces établissements représentent une richesse, mais une richesse sans revenu et toute au profit des malheureux ; une richesse, on peut le dire, qui appauvrit plus qu'elle n'enrichit la congrégation, par les frais d'entretien qu'ils exigent et les lourds impôts qu'ils supportent. Veut-on savoir pourquoi les congrégations passent pour riches? c'est qu'elles dépensent peu pour donner beaucoup.

—◇—

D. — Qu'arrivera-t-il si le fisc, contrairement à toute justice, peut contraindre à payer l'impôt d'accroissement?

R. — Il arrivera, nous l'avons déjà dit, qu'à bref délai, les congrégations les mieux établies seront ruinées, il arrivera que tous les hôpitaux seront laïcisés, que des milliers d'infirmes, de vieillards, d'orphelins assistés maintenant par la charité privée, seront jetés à la rue ou mis à

la charge de l'assistance publique ; il arrivera
que ceux qui aujourd'hui se réjouissent peut-
être de voir les congrégations écrasées d'impôts,
dans l'espoir qu'ils en seront soulagés d'autant,
se verront eux-mêmes plus tard accablés de
nouveaux et plus lourds impôts ; il arrivera
enfin que la franc-maçonnerie, en peu d'années,
aura réalisé son plan, aujourd'hui avoué, *len-
tement mais sûrement*, et détruit toutes les
congrégations.

Mais que sont donc ces congréganistes, d'où
sortent ces religieux poursuivis par une haine
si acharnée? Ils sont du sang le plus pur de la
véritable démocratie, ils sortent du sang du
peuple. Et ce sont les ouvriers des villes, les
habitants des campagnes, dont la révolution a
perverti le sens moral, qui votent pour des
députés franc-maçons. O Révolution! De Maistre
n'était-il pas prophète, quand il t'a marquée au
front de ce stigmate :

TU ES LA FILLE DE SATAN.

— ◇ —

D. — Selon vous, quel est donc le vrai nom qui
convient à l'impôt d'accroissement?

R. — Le vrai nom qui lui convient, c'est celui
d'*impôt sur la misère*. Prenons en exemple
l'impôt payé par les Petites Sœurs des pauvres.
On sait que ces saintes filles ne possèdent que

les maisons où elles recueillent et abritent leurs vieillards. Elles les logent, les entretiennent et les nourrissent en mendiant pour eux, et elles-mêmes ne mangent qu'après eux, en se nourrissant de leurs restes. La charité peut-elle aller plus loin! Supposons qu'une Petite Sœur, l'économe, par exemple, au retour d'une quête, trouve, sur le seuil du couvent, le percepteur qui l'attend et avec lequel s'établit le dialogue suivant :

LE PERCEPTEUR. — Ma sœur, vous me paraissez rayonnante; c'est sans doute que vous avez fait une quête abondante?

LA SOEUR. — Précisément. Il y eut hier un grand banquet à l'hôtel de X...; et j'en rapporte d'excellents et abondants reliefs qui vont mettre en noce nos chers vieillards. De plus, les Dames de la Halle, toujours généreuses, m'ont chargée des frais légumes que vous voyez.

LE PERCEPTEUR. — Ma sœur, je partage votre satisfaction; mais si vous le voulez bien, nous avons un petit compte à régler.

LA SOEUR. — Lequel, s'il vous plaît.

LE PERCEPTEUR. — Ma sœur, je suis le percepteur de votre arrondissement. Pour vous épargner la peine et la perte d'un temps que vous employez si bien, je vous apporte le bordereau de vos impositions, tant de mon ressort que de celui du Receveur.

Art. Ier. *Personnelle.* Pour 24 sœurs.....   72

Art. II. *Propriété bâtie.* Vous occupez un vaste hôtel........................   1.200

Art. III. *Propriété non bâtie* ; c'est-à-dire, le terrain occupé par vos bâtiments et les vastes cours où circulent vos pensionnaires........................   800

Art. IV. *Mobilière.* Pour meubles, tables et plus de 200 lits.....................   1.000

Art. V. *Portes et fenêtres.* Elles sont nombreuses, bien établies pour donner de l'air et de la lumière...............   800

La Sœur. — Jamais nous ne pourrons acquitter tous ces impôts...................

Le Percepteur. — Pardon, ma sœur, permettez-moi d'achever.

Art. VI. *Impôt sur le revenu.* Votre maison et son mobilier sont estimés 300 mille francs, ce qui suppose un revenu de 15 mille francs   450

Art. VII. *Main-morte.* C'est là un vieil impôt qui ne se marchande pas.......   1.200

Art. VIII. *Impôt d'accroissement.* Vous avez eu la douleur, dans le courant de l'année, de perdre deux de vos sœurs, dont vous avez hérité. Pour cette succession vous avez à payer....................   200

A reporter...   5.722

Report....   5.722

De plus, votre congrégation qui compte cent succursales et nourrit trente mille vieillards, est en retard, pour l'impôt d'accroissement, d'une somme fixée à cent mille francs. Votre quote-part de cet article est portée à..............   1.000

6.722

Vous avez donc, ma sœur, pour tous vos impôts réunis, à verser, tant à ma caisse qu'à celle du receveur, une somme de *six mille sept cent vingt-deux francs*. Les congrégations sont des modèles d'exactitude à payer leurs douzièmes. Ces chiffres n'ont rien d'exagéré, ils sont les mêmes, proportion gardée, pour toutes les congrégations autorisées, établies soit à Paris soit en province.

—◇—

La Sœur. — Mais, Monsieur le Percepteur, avec ces 6.722 fr. que le fisc nous réclame, nous pourrions recevoir et nourrir 30 et 40 vieillards de plus. Si vous saviez que, tous les jours, nous avons la douleur d'en refuser, faute d'espace et de ressources. Au fond, votre impôt frappe les pauvres.

—◇—

Le Percepteur. — Ma sœur, je n'entre pas dans ces détails. Ma charge est de percevoir l'impôt et non de le discuter.

La Sœur. — Je sais, Monsieur, qu'il faut monter plus haut pour arriver à l'origine de l'impôt. Mais vous vous montrez si bienveillant à mon égard, que vous me permettrez encore quelques questions. Vous savez que nous mendions pour les pauvres, et je me demande comment la République peut retirer l'aumône de nos mains pour en priver, les pauvres. Avez-vous calculé qu'il nous faudra, chaque matin, quêter vingt francs pour l'impôt, avant de pouvoir mettre une bouchée de pain sous la dent de nos vieillards ?

Le Percepteur. — Mon Dieu ! la République a ses charges et ses besoins comme vous avez les vôtres. Elle a dû d'abord réformer bien des abus de l'Empire. Les employés de l'Etat étaient en nombre insuffisant et mal rétribués, elle a eu à créer de nouveaux emplois pour plus de cent millions par an. L'Empire avait fait de nombreuses victimes le 2 Décembre. Inspirée par un légitime sentiment de compassion, la République a fait des pensions à tous, à leurs veuves et à leurs enfants. D'autre part, les catholiques avec leurs écoles libres, font une concurrence atroce aux écoles de l'Etat ; le budget de l'Instruction publique a dû monter de 30 à 150 millions, et ce n'est pas encore assez. Les instituteurs de partout crient famine et nos écoles normales se dépeuplent. Les fonds secrets ne peuvent jamais suffire. La presse, la police, les élections coûtent des millions et des millions !

—◇—

LA SŒUR. — Je comprends, Monsieur, que la République a bien des appétits à rassasier, mais ne pourrait-elle pas aussi faire des économies ?

LE PERCEPTEUR. — La République n'est pas en retard sur ce chapitre. Chaque année, depuis 15 ans, nos sénateurs et nos députés rognent par tous les bouts le budget des cultes. Ils ont diminué les traitements des cardinaux, des évêques, ils suppriment les bourses des séminaires, le traitement des chanoines, ils font déguerpir les aumôniers des hôpitaux, de l'armée, de partout. Il y a surtout ces langues intempérantes des desservants qu'on ne peut réduire au silence même en les réduisant à la famine. Il n'est plus possible de faire sortir du budget des cultes une pièce de cent sous ; aussi vous avez dû l'apprendre, cette année, il a passé sans opposition et a été voté par tous les partis.

—◇—

LA SŒUR. — Oui, je le reconnais, la Chambre nous a épargné, cette année, le spectacle écœurant de voir nos députés se ruer sur le budget des cultes, comme les animaux malades de la peste, sur le baudet,

Ce pelé, ce galeux, d'où venait tout leur mal.

Mais si la Chambre a été sage un jour, elle n'a pas tardé, le lendemain, à retomber dans sa folie en commun. Quelle belle occasion, ou plutôt quel motif légitime, après tant de catastrophes dans le cours de l'année présente, de rejeter, ou du moins, comme l'a demandé un courageux député, de réduire la subvention de 800.000 francs aux danseuses de l'Opéra ? 800.000 francs pour un corps de ballet ! 800.000 francs pour amuser les riches et les désœuvrés de Paris ! contribuables vous devez savoir maintenant pourquoi le Percepteur fait danser vos écus. N'importe, le ministre n'a pas voulu en rabattre d'un centime et a même jeté en défi son portefeuille à l'Assemblée. La Chambre des députés aime le ballet et a voté, sans réduction, la subvention aux théâtres, de 800.000 francs. Quand Paris s'amuse, tout doit être en joie par toute la France.

Le Percepteur. — Madame, vous prenez un ton de réactionnaire. Je vous quitte, mais n'oubliez pas que vous êtes en retard de vos impositions et ne m'obligez pas à des moyens de rigueur, vous pourriez ne pas vous en tirer à aussi bon compte que les Sœurs de Marboz.

La Sœur. — J'en appelle aux députés démocrates qui se disent les amis du peuple ; et l'*Union de la France chrétienne* se souviendra de leurs votes aux prochaines élections.

CHAPITRE V

DE L'UNION DE LA FRANCE CHRÉTIENNE

D. — Que faut-il entendre par l'*Union de la France chrétienne*?

R. — Il faut entendre, en dehors et au dessus des partis politiques, l'entente et l'union des électeurs catholiques pour conserver nos libertés religieuses et reconquérir celles que nous avons déjà perdues.

D. — Par qui a été inspirée l'*Union de la France chrétienne*?

R. — Elle résulte de la réponse de Son Eminence le cardinal archevêque de Paris aux catholiques qui l'avaient consulté sur la situation religieuse, et qui lui-même a choisi et désigné les membres honorables chargés de la constituer.

D. — Comment se fait-il donc que les catholiques, formant la grande majorité des électeurs, ont envoyé cependant au Sénat et à la Chambre une majorité de sénateurs et de députés hostiles à la religion?

R. — D'abord parce qu'un grand nombre d'honnêtes gens et d'indifférents se sont abstenus de voter, ensuite parce que les catholiques n'ont pas su se concerter et s'entendre, et que plusieurs d'entre eux ont laissé surprendre leurs votes par la secte insidieuse et si puissamment organisée des francs-maçons.

—◇—

D. — Pourquoi avons-nous donc à nous défier des francs-maçons et des Juifs ?

R. — Parce que les francs-maçons forment une société qui a juré la destruction de l'Eglise. L'appui prêté par les Juifs à cette société diabolique en montre l'esprit anti-chrétien. L'archevêque de Paris l'a dit : « Le dernier mot de la lutte est de savoir *si la France restera ou cessera d'être chrétienne.* »

—◇—

D. — Par quels moyens l'Union prétend-elle revendiquer ses droits et sa liberté religieuse ?

R. — Par les moyens qu'autorise la Constitution, c'est-à-dire par le recours au suffrage universel, par la presse et par tous les moyens de discussion propres à démasquer les mensonges et les préventions vulgarisées par les mauvais journaux.

—◇—

D. — L'Union attaque-t-elle la République, veut-elle faire une révolution ?

R. — Non, l'union se défend et n'attaque pas. *Nous ne sommes pas en République*, a dit Mgr l'Archevêque d'Aix, *mais en franc-maçonnerie.* Qu'on nous donne sincèrement les libertés dues et préconisées par la Constitution ; tel est le terrain sur lequel se place l'Union de la France chrétienne.

D. — L'Union va-t-elle, comme la franc-maçonnerie, former une société secrète ?

R. — Non. L'Union est une société de citoyens honnêtes et libres qui n'ont rien à dissimuler. Blessés dans leurs convictions religieuses et forts de leurs droits, ils agissent en pleine lumière, suivant un programme que la Constitution reconnaît et qui n'attente aux droits de personne.

CONCLUSION

ÉLECTEURS CATHOLIQUES

En temps de révolution, a dit un philosophe chrétien, le difficile n'est pas de faire son devoir, mais de le discerner. Le vôtre vous est connu maintenant. Quiconque fait défaut au scrutin est un pleutre, un lâche, un traître à Dieu et à la patrie. Vous êtes le nombre, si vous savez vous compter ; et le nombre c'est la victoire. En avant donc ! vous êtes en bonne compagnie. Deux étendards sont déployés devant vous : Celui de Jésus-Christ et celui de Satan ; celui des catholiques et celui des francs-maçons. Pas de milieu : Il faut voter pour Dieu ou pour le diable !

ÉLECTEURS CATHOLIQUES.

Avant de voter, mettez la main sur votre conscience, et rappelez-vous qu'un jour, votre bulletin sera pesé dans la balance du Souverain Juge.

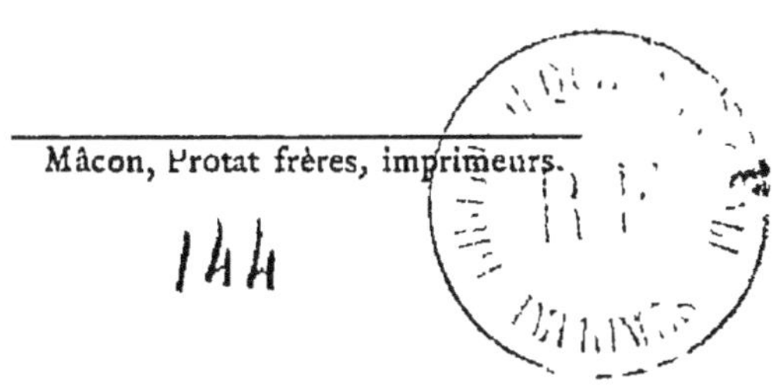

Mâcon, Protat frères, imprimeurs.